学童弁当

㊊〜㊎の５日間×６週間、
30日分のマラソンレシピ

野上優佳子

はじめに

夏休みの朝、出勤時に学童へ向かう末っ子を最後に見送り、早数年が経ちます。一緒に家を出るとき、お弁当をリュックに背負いくるりと振り返った息子に「じゃ、ママがんばってね!」と言われたとき、私のほうが背中を押された気がしました。

せっかくのお休み、本当は一緒に遊びたいけど、仕事でそういうわけにもいかない。お昼ぐらいは好きなものを食べて楽しく過ごしてくれたらいいなあと思いながら、毎日お弁当を持たせました。

とはいえ、限られた時間で毎度張り切ってつくるのは無理(特に暑い時期!)。手持ちの材料で、手をかけすぎずにパパっとできるのがいい(手抜きでもなんでもなく、短時間でつくるほうが食べ物も傷みにくい)。そして特に夏休みは長い! ごはんとおかずの組み合わせだけではメニューも続かない。大好きなパンや麺もお弁当に持っていけたらいいよね……。

そんなふうに試行錯誤してきた学童のお弁当から、我が家の3人の子どもたちが好きでよくつくったものを集めました。すぐ実践できる、傷み予防のポイントや時短調理のヒント、一品弁当をおいしそうに盛りつけるちょっとしたコツなども詰めこみました。家でよく食べるけど、これお弁当にしていいんだ! と思うメニューもあるかもしれません。

この本を開いてくださった、つくる人の心が軽くなり、食べる人が喜んでくれる。そんなお弁当が1つでも多くあると、とてもうれしいです。

野上優佳子

「学童弁当マラソン」をのりきるための

5つのコツ

① まとめ買いと使いまわしで時間も食材も無駄ナシ！

週末の買い出しや、宅配サービスなどを利用して、その週に使う食材をまとめて確保。あとは手持ちの食材を使いまわして5日間の平日をのりきろう！

② 献立はシンプル・イズ・ベスト！

基本は「ごはん＋主菜（肉や魚）＋副菜（野菜）」の3品でOK。これに「水曜はパン」「金曜は麺」「週1回は丼など一品もの」とおおよその固定ルールをつくってルーティン化すると、献立づくりも買い物もラクになります。

③ 食べたいものが入っていれば、それでよし！

長期休み、特に夏は平日5日間×6週間前後の長丁場です。全部の栄養を100点満点で詰めこまなくちゃいけない、なんてことはありません。お弁当は朝と夜の“つなぎ”ですから、1日3食のなかでバランスはとれます。お弁当だけ特別に考えず「盛りこみすぎず、がんばりすぎない」のが大事です。

④ レシピには自由度がある。便利なものはどんどん活用！

お弁当は自由。手持ちにレシピと同じ食材がないときは似ているもので代用すればよし、つくる時間がなければ市販の冷凍食品やお惣菜を活用するもよし。手づくりにこだわりすぎず、軽やかに、ハイブリッドでいきましょう。

⑤ 一番大事なのは「安心して食べられること」

せっかく手をかけて見栄えがよくても、食べてお腹が痛くなったりしたらとても悲しい。私は、おいしさや見栄えよりも「傷んでいないこと」がお弁当で一番大事と思っています。衛生面はしっかり気を配りたい。p8〜9でも対策をいろいろと紹介しているので、参考にしてもらえるとうれしいです。

Contents | 目次 |

学童弁当の基礎知識 ｜ ①

お弁当箱・カトラリーの選びかた

⊙サイズはどれくらい？

学童に通う小学校1〜3年生が使うお弁当箱のサイズは「400〜600mℓ」が目安。お子さんが食べられる量に合わせた大きさを選びましょう。

⊙素材や形は？

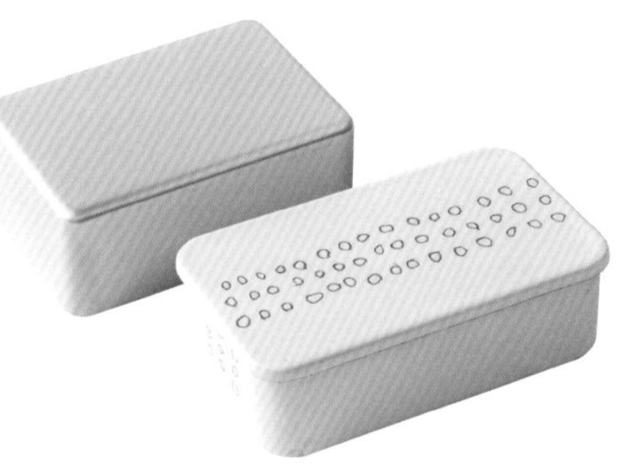

▷ ステンレス・アルマイト・ホーロー製

においや色移りがしづらく保冷もよく効くので夏にオススメ。レンジ使用は不可。丈夫で油落ちしやすいのも魅力。

▽ 樹脂製

お手頃価格で手に入り、種類やデザインが豊富。電子レンジや食洗機の使用可も多い。ただ、油汚れが落ちにくく色やにおい移りはしやすいので注意。

△ 仕切り内蔵型

取り外し可能な中子付きで左右または上下にセットするタイプがある。丼のごはんや麺とおかずを分けて盛りつけができ、容量の調整がしやすい。

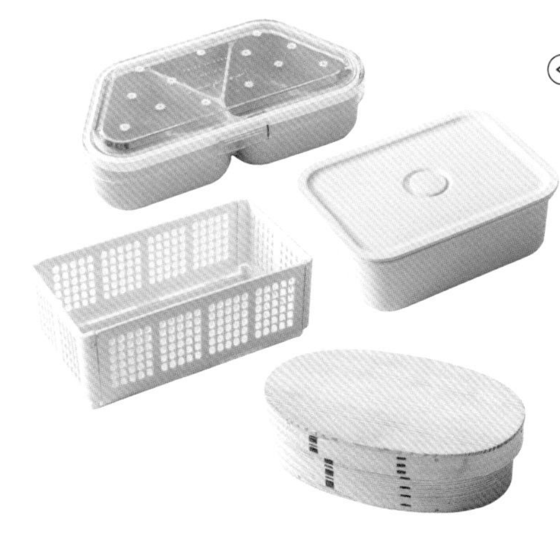

◁ その他
（おにぎりタイプ、パン用ケース、わっぱ、バルブ付きなど）

折りたたみ可能で通気性がいいサンドイッチケース、調湿性が高く長く愛用できる曲げわっぱ、フタをしたまま冷凍してレンジ解凍できるバルブ付きなど、中身に合わせてさまざまな種類があります。最近はおにぎりとおかずの組み合わせをコンパクトに持っていけるお弁当箱も人気です。

保冷対策も忘れずに！

冷気は上から下に動くので、保冷剤は基本的にお弁当箱の上に置いて使用します。保冷剤は、お弁当全体を冷やせるサイズがオススメ。フタに保冷剤を内蔵したお弁当箱もあり保冷剤がズレる心配がなく丸ごと洗えて便利です。外気温との温度差が特に激しい夏場は、ぜひ保冷バッグを併用して。冷気を保つのに効果的です。

カトラリーの選びかた

保育園や幼稚園のときに使っていたものだと、サイズが小さすぎて使いづらかったりすることがあります。一度家で使ってぜひ確かめてみてください。衝撃に強い樹脂製のものや、持ち運ぶ際にカチャカチャ音が鳴りにくい箸箱など、カトラリーもいろいろな種類があります。

安全対策に気を配ろう

大切なお子さんに持たせる学童弁当だからこそ、食材が傷みやすい夏の
保冷対策だけでなく、調理時の衛生面や食べる子どもの安全には
細心の注意を払いたいところ。気をつけるべきポイントをまとめます。

手指や調理まわりは清潔を意識しよう

手洗いを入念にして、調理の際はキッチンや調理器具を、盛りつけの際はお弁当箱を清潔に保ち、直に食材を触らないように注意する。そうして傷みの予防対策をしながらも、心配は尽きないものですよね。ならばいっそポリ手袋を使うのが安全で効率的。傷口やばんそうこうは菌が繁殖しやすく、指輪やネイルは手洗いしても汚れが残りがち。手袋ならそれらを一気に解決してくれます。

「箸の使いまわし」に気をつける

つい見逃しがちなのが、生肉や生魚を調理した箸で加熱済みのおかずを触ってしまう「箸の使いまわし」。盛りつけの際は箸先をキッチンペーパーで拭くクセをつけておくといいでしょう。傷みや菌の繁殖を予防できるだけでなく、味の混ざりもなくなるので安心です。

しっかり火を通し、よく冷ます

肉や魚、卵は中心まで完全に火を通し、金網やザルにキッチンペーパーを敷いて冷ませば、上と下の両方から蒸気が逃げ、ペーパーが汁気も吸い取ってくれるから効率的。見落としがちなのが、ハムなどの食肉加工品やちくわなどの練りもの、ケチャップやソース類にも火を通すこと。「開封後に冷蔵保存してあるものは火を通す」のも傷み予防のポイント。

生野菜や果物の注意点

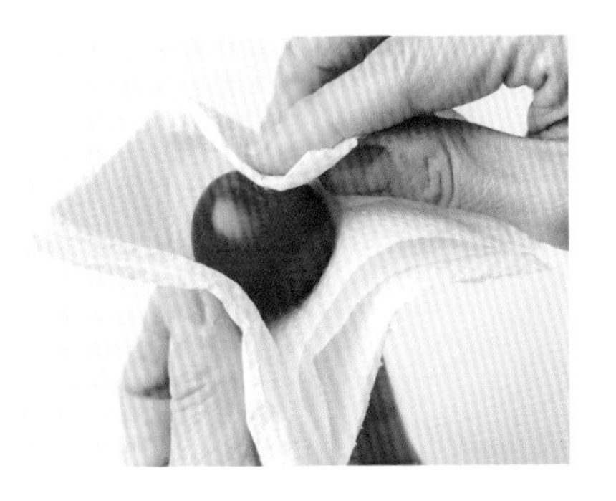

特に夏場は、基本的に生野菜は使わないほうがベターですが、ミニトマトや、いちご、ぶどうなどを入れる場合は、ヘタや軸を取り、その部分に汚れが残りやすいので、キッチンペーパーでよく拭いてから詰めましょう。そのうえで、ごはんやおかずとしっかり仕切るか、お弁当とは別容器に入れるようにすると安全です。

子どもが安全に食べられるサイズを確認しよう

衛生面だけでなく、安全面にも注意が必要です。ミニトマト、ぶどう、うずらの卵など、のどに詰まってしまう可能性があるサイズのものは、半分に切って入れるなどの工夫を。特に小学1年生のお子さんは、お弁当が始まる前に、ひと口で食べられるサイズ感を自宅での食事で確認しておくと安心です。また、噛み切りづらいもの、飲みこみづらいものがないかも一緒に確認してみてください。

学童弁当の基礎知識 ③

この本を活用するポイント

メニューはルーティンで考えよう

お弁当を毎日つくるとなると、献立を考えるだけでもひと仕事。本書は1週間をひとつの単位として月～金の5日間のメニューを考え、必要な食材をまとめ買いすることを想定しています。「月＝ごはん＋おかず」「火＝ごはん一品もの（丼やオムライスなど）」「水＝パン」「木＝ごはん＋おかず」「金＝麺類」と基本のルーティンを決めることで、5日間の流れが見え、献立の悩みが軽くなります。

「これとこれは大体同じ」と割りきろう

レシピ通り、まったく同じにしなきゃとんでもないものができあがる、なんてことありません。豚の薄切り肉のメニューを牛切り落とし肉でつくってもおいしくできます。似ている食材、たとえばかぼちゃとさつまいも、いんげんとブロッコリー、ツナ缶とさば缶なら、どちらを使っても大丈夫。手持ちの食材で気楽に代用してください。ちゃんとおいしくできますよ！

「主役」を決めると考えやすい

本書では1週間ごとに「主役の食材（鶏肉、豚肉、牛肉、ひき肉、魚介など）」を決めています。お弁当の中身は大きく「主食＝ごはん、パン、麺」「主菜＝肉、魚、卵」「副菜＝野菜」の3つ。主役となる「主菜」の食材は野菜に比べて選択肢が少ないので、ここから決めると献立選びが簡単です。

「目分量」の目安を持っておこう

調味料や食材の分量を、グラム単位でいちいち正確に量るのは大変。実は最低限の「マイ目分量」を持っておけば、お弁当づくりに限らず日々の料理がとてもラクになります。たとえば「塩1つまみ」。自分の指なら何グラムかを一度だけ量って確認すれば、一生もののテクニックになります。よく使う肉や野菜だけでも、自分の手のひら1つ分が何グラムかを知っておくと便利です。

※この本の決まりごと

○大さじ1＝15mℓ、小さじ1＝5mℓです。
○「1つまみ」はおよそ0.5gです。「1g＝成人女性の指3本で2つまみ」を基準としています。
○電子レンジは600Wが基準。500Wの場合は加熱時間を1.2倍に。レンジやオーブントースターなどは、機種によって機能や加熱具合が異なる場合があるので、自宅のものに合わせて調整しながら調理してください。
○冷凍の保存期間などはあくまでも本書の目安になります。気温や保存状況により異なる場合があります。
○レシピの材料欄に「※つくりやすい量」とある場合、多めにつくって夕食や翌日などに活用しましょう。
○調味料や粉類、お好みで使うもの（ふりかけ、パセリ、青のりなど）はお買い物リストから省略しています。

Week 01

第1週

今週の主役

鶏むね肉

高タンパクで値段もお手頃、育ち盛りの子がいる食卓の強い味方。
あっさり味で、和洋中どんな味つけでも八面六臂の大活躍。
1枚あるだけで1週間をのりきれる頼れる食材です。

Week 01

第１週

今週のお買い物リスト

今週の主役

鶏むね肉
…250〜300g程度

卵	小1パック(2個)
ほうれん草	1束(150g程度)
玉ねぎ	1個(200g程度)
ブロッコリー	½株(100g程度)
いんげん	3〜5本(30g程度)
じゃがいも	1個(150g程度)
ミニトマト	1パック(100g程度)
ちくわ	2本(50g程度)
ウインナー	1袋(100g程度)
お好みの果物	適量
ホットドッグ用のパン	2本
コーン缶	1缶(120g程度)
ペンネ(早ゆで3分用)	80g程度
鮭フレーク	適量

This week's menu

今週のメニュー

Mon.

鶏のヒラヒラからあげ

Tue.

オムレツチキンライス

Wed.

レンチン蒸し鶏
ホットドッグ

Thu.

鶏とブロッコリーの
カレーマヨ炒め

Fri.

ほうれん草とウインナーの
ナポリタンペンネ

鶏のヒラヒラからあげ

Ⓐ 鶏のヒラヒラからあげ

（材料）

鶏むね肉…60〜70g

A | 塩… 1つまみ
砂糖・こしょう・
にんにく（すりおろし）
…各少々

薄力粉…小さじ1

片栗粉…小さじ2

サラダ油…大さじ2

（作り方）

① 肉は皮を取り除いて1㎝幅程度のそぎ切りにする。

② ポリ袋に①とAを入れてもみ、下味をつける。さらに薄力粉を加えてもんだら、片栗粉を加え、全体にまぶす。

③ フライパンに油を入れ、②を入れて中火にかける。

④ 片面2分30秒加熱し、返して完全に火が通るまであげたら取り出し、ペーパーにのせて油を切る。

Ⓑ ほうれん草とちくわのごま和え

（材料）

ほうれん草…½束

ちくわ… 2本

A | すりごま…大さじ2
しょうゆ・砂糖
…各大さじ1

（作り方）

① ちくわは長さを半分に切り、細切りにする。

② 鍋に湯を沸かし、①をさっとゆで、水気をよく切る。同じ湯でほうれん草をゆで、水にとって水気をしぼり、ちくわと同じくらいの長さに切る。

③ ボウルにAを入れて混ぜ、②を加えて和える。

Ⓒ コーンごはん

（材料）

コーン缶…大さじ1〜2

ごはん…子ども茶碗1杯分
（約150g）

黒ごま…適量（お好みで）

（作り方）

① コーンは水気を切ってフライパンで乾煎りする、もしくは耐熱皿にクッキングシートを敷いてコーンを広げ、ラップをせずに1分レンジで加熱して水気をとばす。

② ①をごはんと混ぜる。お好みで黒ごまをふる。

POINT

基本は「あげ焼き」でOK！

面倒なイメージがあるあげものは、フライパンに少し多めの油を入れて「あげ焼き」にすれば実は簡単。食材を薄めにして、常温から徐々に加熱していくことで中までしっかり火が通り、衣もはがれにくく、カラッとした仕上がりに！ 前日などに加熱しておいて、当日の朝の再加熱にオーブントースターを使えば、さらに余分な水分や油分が落ちるので一石二鳥です。

オムレツチキンライス

Ⓐ オムレツ

（材料）
卵…１個
塩…１つまみ
粉チーズ
…小さじ１（お好みで）
乾燥パセリ…少々
オリーブ油…小さじ１

（作り方）
① 卵を溶き、塩と粉チーズ、乾燥パセリを加えてよく混ぜる。
② フライパンに油を熱し、①を流し入れる。表面が固まってきたら、折りたたんで完全に火を通す。

Ⓑ チキンライス＆いんげんソテー

（材料）
鶏むね肉…60g
玉ねぎ…¼個（約50g）
コーン缶…大さじ１
ごはん
（レンジ加熱した熱々のもの）
…子ども茶碗１杯分（約150g）
塩・こしょう…各少々
ケチャップ…大さじ½
オリーブ油…大さじ１
いんげん…２本

（作り方）
① 肉は小さめの一口大に切る。玉ねぎはさいの目切り、いんげんは５cmの長さに切る。コーンは水気を切る。
② フライパンに油を熱し、肉を入れフタをして中火にかける。１分30秒経ったらひっくり返し、肉以外の①を加えて炒め、塩こしょうをふり、肉に完全に火を通す。ここでいんげんは取り出しておく。
③ ②にケチャップを加え、ざっと炒めて水分をとばす。ケチャップがチリチリと音を立てるくらい水気がとんだら、火を止め、ごはんを加える。
④ 木べらで全体を大きく返すように混ぜたら、再度中火で加熱し、ざっと混ぜてケチャップをなじませる。

POINT

ごはんを入れる前に火を止めよう

チキンライスをつくる際、ごはんを入れる前に、一度火を止めた状態でごはんとケチャップを混ぜ合わせると、あわてずに作業ができ、焦げつき予防にもなるのでオススメです。ごはんを混ぜ、再度火にかけてからは、「炒めすぎない」のがコツ。中火で手早く、ざっと混ぜながら炒めるようにすると、ごはんがベタベタにならずおいしく仕上がります。

レンチン蒸し鶏
ホットドッグ

Ⓐ レンチン蒸し鶏ホットドッグ

（材料）

ホットドッグ用のパン… 2本

【レンチン蒸し鶏とブロッコリー】

鶏むね肉…60〜70g

A 塩… 1つまみ
砂糖・こしょう…各少々
酒…小さじ1

ブロッコリー… 2房

【いり卵】

卵… 1個

B 塩… 1つまみ
こしょう…少々

オリーブ油…小さじ2

【オーロラソース】

ケチャップ・マヨネーズ
…各大さじ½

（作り方）

① 肉は皮を取り除いて、1cm幅程度のそぎ切りにして4枚に。**A**を加えて軽くもむ。

② 耐熱皿に①を重ならないように並べ、ふんわりラップをして1分30秒レンジで加熱。ひっくり返し、ブロッコリーを加えて再度30秒加熱する。ブロッコリーを取り出し、ラップをしたまま冷ます。冷めたら水気を拭き取る。

③ 卵を溶いて**B**を混ぜ、フライパンに油を熱して、いり卵をつくる。

④ オーロラソースの材料を耐熱皿に入れて混ぜ、ラップをせずに30秒レンジで加熱。

⑤ 切れ目を入れたパンに④をたっぷり塗って、②と③を挟む。

Ⓑ ハッシュドポテト

（材料）

じゃがいも… 1個（約150g）

塩… 2つまみ

片栗粉…大さじ1

オリーブ油…大さじ1

（作り方）

① じゃがいもは皮をむき（新じゃがなら皮をむかずタワシでこすり洗いすればOK!）、せん切りにする。

② ①に塩をまぶして軽く混ぜ、水気が上がってきたら片栗粉を加えてよく混ぜる。

③ フライパンに油を熱し、②を均一の厚さに広げて入れる。両面きつね色になるまで焼き、油を切る。冷めたら食べやすい大きさに切る。

POINT

オーロラソースを加熱する理由

お弁当のおかずにマヨネーズやソースを使うときは、一度レンジで加熱すると、傷みの防止になり、安心です。特にオーロラソースは、加熱することで色も鮮やかになるので一石二鳥です！

鶏とブロッコリーのカレーマヨ炒め

Ⓐ 鶏とブロッコリーのカレーマヨ炒め

（材料）

鶏むね肉…60g

塩…２つまみ

砂糖・こしょう…各少々

ブロッコリー…３～４房

オリーブ油…大さじ½

A | マヨネーズ…大さじ１
  | カレー粉…小さじ１

（作り方）

① 肉は２㎝の角切りにして塩、砂糖、こしょうで下味をつける。ブロッコリーは食べやすい大きさに、茎は固い皮を除き一口大に切る。

② フライパンに油をひき、肉を並べ、フタをして中火で１分30秒加熱する。

③ ひっくり返して、ブロッコリーと水（分量外・大さじ１）を加えて、さらに２～３分加熱する。

④ 肉に完全に火が通ったら、混ぜ合わせた**A**を加えて炒め、全体に味をからませる。

Ⓑ 鮭ごはん

（材料）

ごはん…子ども茶碗１杯分（約150g）

鮭フレーク…適量（お好みで）

白ごま…適量（お好みで）

（作り方）

① ごはんに鮭フレークをふりかける。お好みで白ごまをかける。

知ってトクする豆知識

肉に下味をつける際、最も簡単かつおいしくなる方法は、「肉の量の1/10の量の塩と、塩の半分の量の砂糖」をもみこむだけ。これだけで、あまり味つけをしなくてもおいしく食べられるし、砂糖の保水性でやわらかくなります！

ほうれん草とウインナーのナポリタンペンネ

Ⓐ ほうれん草とウインナーのナポリタンペンネ

Ⓐ ほうれん草とウインナーのナポリタンペンネ

（材料）
ウインナー… 3本
ほうれん草（冷凍可）…50g
コーン缶…大さじ2
玉ねぎ…¼個（約50g）
ペンネ（早ゆで3分用）…80g
オリーブ油…大さじ½
ケチャップ…大さじ2
塩…少々

（作り方）
① 玉ねぎは5㎜幅程度の薄切りに。コーンは水気を切っておく。ウインナーは1本は斜め薄切りにして、2本は包丁で切りこみを入れる。
② ほうれん草は3㎝の長さに切る。
③ 耐熱容器にペンネと水（400㎖・分量外）、塩（小さじ½・分量外）を入れ、フタをせずにレンジで3分加熱。一度取り出し、②を加えてさらにレンジで1分加熱する。
④ フライパンに油を熱し、①を炒める。ケチャップを加えたら湯切りした③を加え、ざっと混ぜて塩で味を調える。

※電子レンジでつくる場合は……
④ ③を湯切りしたら、ゆでたパスタの上の半分に①をのせ、もう半分にケチャップをのせる。レンジに入れ、フタをせずに2分加熱したら、取り出してオリーブ油を加え、ざっと全体を混ぜて塩で味を調える。

POINT

パスタは「レンチン」で

忙しい朝に、わざわざ鍋に湯を沸かしてパスタをゆでるのは大変。耐熱容器を用意して電子レンジで加熱するのが断然ラクです。早ゆでパスタならさらに時短になりますし、アク抜き不要のカット済み冷凍ほうれん草を使えばもっと手軽です。

Column 01

「盛りつけ」のコツ、教えます

いざお弁当をつくってみると、「盛りつけ」って意外とよくわからなくて大変……。
ここでは盛りつけの原則や、もっとおいしそうに見えるちょっとした工夫を紹介します。

お弁当「盛りつけ」の原則

① お弁当の中身は「主食」「主菜」「副菜」の3つ
② 「ごはん：おかず＝1：1」、おかずは「主菜：副菜＝1：1」
③ 「主食→主菜→副菜」で大きなものから詰めていく

詰めかたの基本パターン

センター分け
「ごはん＋おかず」の基本型。ごはん→大きな主菜→小さな副菜の順で詰め、細かいおかずはカップを置いて場所を確保して最後に入れる。

3分割
中央にごはん、左右におかず。切り落とし肉などまとまりづらい主菜や、ケチャップ味など他と混ぜたくないおかずがあるときに。

センター分け（変形）
ごはんを食べやすいおにぎりに変えたパターン。

セパレート型
「めん＋具材やタレ」の場合や、丼ものなどでごはんがおかずの汁気を吸ってしまうのを避けたいときにオススメです。

一品弁当
丼ものやピラフ、パスタなど。一品だけでさびしく見えるなら、メインの具材をドーンと中央に置くと、一気に見栄えがよくなります。

Week 02

第2週

今週の主役

豚薄切り肉

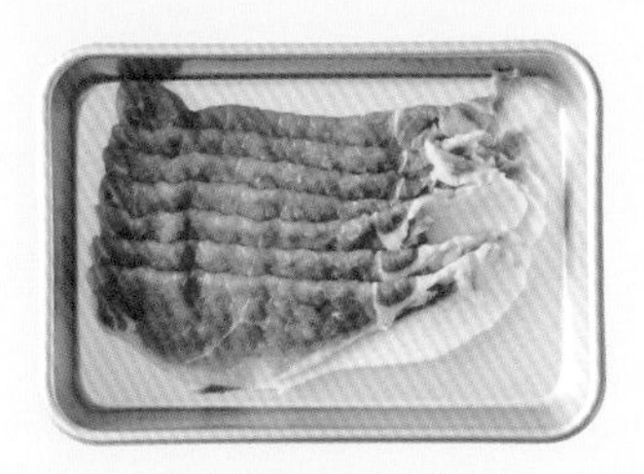

火の通りが早く使いやすい薄切り肉は、
お弁当に欠かせない“スタメン”食材。
疲労回復効果のあるビタミンB群が豊富な豚肉で、
長いお休みも元気にのりきりましょう。

Week 02

第2週

今週のお買い物リスト

今週の主役

豚薄切り肉
…300～350g程度

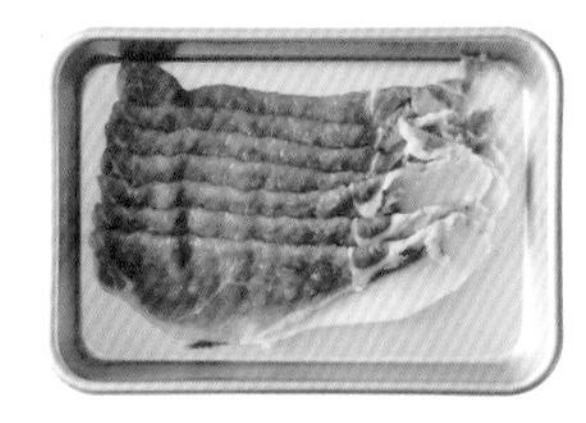

卵	小1パック(3個)
キャベツ	¼個(100～200g程度)
にんじん	小1本(100g程度)
青ねぎ	2本程度(カット済みでも可)
ミニトマト	1パック(100g程度)
冷凍かぼちゃ	200g程度
オクラ	1袋(10本程度)
スライスベーコン	4枚(30～50g程度)
お好みの果物	適量
焼きそば用蒸し麺	1人分(150g程度)
ロールパン	2個

This week's menu

今週のメニュー

Mon.

豚たたみしょうが焼き

Tue.

お好み焼き

Wed.

ベーコンエッグサンド

Thu.

肉巻き酢飯おにぎり

Fri.

ソース焼きそば

豚たたみしょうが焼き

Ⓐ 豚たたみしょうが焼き

（材料）
豚薄切り肉…２〜３枚（60〜90g）
薄力粉…少々
ごま油…小さじ２
こしょう…適量（お好みで）
A みりん…小さじ２
しょうゆ…小さじ１
しょうが（すりおろし）…小さじ¼程度
※甘めが好きなら砂糖小さじ½を足す

（作り方）
① 肉を半分にたたんで、表面に薄力粉をまぶす。
② フライパンに油を熱し、①を両面きつね色になるまで焼く。余分な油脂が出てきたら、ペーパーで吸い取る。
③ Aを合わせてまわしかけ、汁気がなくなるまでタレをからめる。お好みでこしょうをふる。

Ⓑ かぼちゃとオクラのごま酢和え

（材料）
冷凍かぼちゃ…３個程度（約100g）
オクラ…２本分（約30g）
A すりごま…大さじ２
砂糖・しょうゆ・酢…各小さじ２

（作り方）
① オクラは塩をふって表面の産毛を取り、ガクを取り除いて２cm幅程度に切る。
② 冷凍のかぼちゃを耐熱皿に重ならないように並べ、ラップをして３分レンジで加熱する。一度取り出して①も皿に並べ、再度ラップをして30秒レンジで加熱する。取り出して、完全にやわらかくなったのを確認して、かぼちゃをつぶす。
③ Aを合わせて加えて全体を混ぜる。

POINT

薄切り肉のお弁当活用術

薄切り肉は半分に折りたたむと、お弁当に入れやすいサイズになり、食べごたえも増します。このレシピ以外にも、間にのりや大葉、チーズなどを挟めば、いろいろなアレンジも楽しめます。

知ってトクする豆知識

ごま酢和えは、ゆで野菜だけでなく、ゆでた薄切り肉などにも合うので味のバリエーションが広がって便利。味つけが面倒なら、すりごま＋すし酢またはポン酢でOK。詳しくはp66のコラムでも！

お好み焼き

Ⓐ お好み焼き

Ⓐ お好み焼き

（材料）

豚薄切り肉… 2枚(約60g)
キャベツ… 1枚(約50g)
青ねぎ… 1本
桜エビや揚げ玉など
お好みの具材…適量
ソース・マヨネーズ
…各大さじ½
青のり・けずり節
…適量(お好みで)
サラダ油…小さじ2

【生地】

卵… 1個
水…½カップ
薄力粉…½カップ
片栗粉…大さじ1
けずり節… 1パック(5g)
塩… 1つまみ
※市販のお好み焼き粉を使ってもOK

（作り方）

① キャベツはせん切り、青ねぎは小口切り。生地に入れるけずり節は袋の上からもんで細かくしておく。肉は食べやすい大きさに切る。
② 卵と水を合わせて混ぜたら、その他の生地の材料を加えて全体を混ぜる。キャベツ、青ねぎ、お好みの具材を入れてざっと混ぜ合わせる。
③ フライパンに油をひいて、肉の半分の量を全体に広げて敷く。その上に②をのせて平らにならし、残り半分の肉を全体に広げてのせる。
④ フタをして中火で2〜3分焼き、パチパチと音がしてきたら火を少し弱める。
⑤ ④をひっくり返し、中心まで完全に火が通るまで焼く。マヨネーズとソースを加えて両面にからめ、食べやすい大きさに切る。
⑤ お好みで青のりとけずり節をふる。

知ってトクする豆知識

肉と野菜に、手早くムラなく火を通すなら「重ね蒸し焼き」。フライパンに油→肉→野菜の順に重ね、フタをして中火にかける、という手順は本書にもよく登場します。冷蔵庫から出したばかりの肉は冷たいので、しっかり熱を通すために肉を下に置きます。フタをするのは、食材から出る水分(蒸気)を利用して蒸すことで火の通りを早くするため。あわてずに調理できるのでオススメです！

ベーコンエッグサンド

Ⓐ ベーコンエッグサンド

（材料）

ベーコン…小4枚

ロールパン…2個

【チーズ入りスクランブルエッグ】

卵…1個

粉チーズ…小さじ1

塩…1つまみ

乾燥パセリ…少々

オリーブ油…小さじ1

【かぼちゃペースト】

冷凍かぼちゃ
…3個程度（約100g）

酢・砂糖…各小さじ1

塩…1つまみ

【オーロラソース】

ケチャップ・マヨネーズ
…各大さじ1

（作り方）

① かぼちゃは耐熱皿に重ならないように並べ、ラップをしてレンジで2分30秒加熱する。取り出して完全にやわらかくなったのを確認してつぶし、酢、砂糖、塩を加えて混ぜ合わせる。

② フライパンにベーコンを並べて火にかける。両面を焼いたら取り出し、余分な油脂をペーパーで拭き取る。

③ ②のフライパンに油を熱し、卵と粉チーズ、塩、乾燥パセリをよく混ぜ合わせて流しこむ。箸でかき混ぜながら卵に完全に火を通す。

④ オーロラソースの材料を耐熱皿に入れて混ぜ、ラップをせずに30秒レンジで加熱する。

⑤ パンに切りこみを入れ、④のソースを塗り、①〜③を挟む。

POINT

かぼちゃペーストの大事な役割

冷凍かぼちゃをつぶすだけでできる簡単ペーストが糊の役割をして、ベーコンや卵がパンからはがれにくくなります。味つけが面倒なら、市販のすし酢を小さじ1加えるだけでOK！

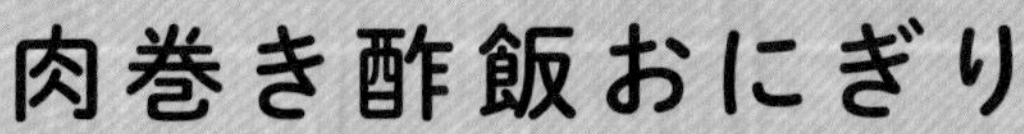

肉巻き酢飯おにぎり

Ⓐ 肉巻き酢飯おにぎり

（材料）

豚薄切り肉…4枚（約120g）
薄力粉…適量
乾燥パセリ…適量（お好みで）

A
しょうゆ・みりん
…各大さじ1
砂糖…小さじ1
にんにく（すりおろし）
…少々

【酢飯】
ごはん…子ども茶碗1杯分
（約150g）
黒ごま…小さじ2

B
酢…小さじ2
砂糖…小さじ1

（作り方）

① 熱々のごはんに、合わせた**B**（または市販のすし酢でもOK）と黒ごまを加えて混ぜ合わせ、たわらむすびを4個つくる。
② ①に豚肉を巻き、全体に薄力粉をまぶす。
③ オーブントースター用の天板にくしゃくしゃにして伸ばしたアルミホイルを敷く。よく混ぜ合わせた**A**を②にからめて、くっつかないように並べる。残った**A**は上からかける。
④ ③をオーブントースターで15分焼く。お好みで乾燥パセリをふる。

Ⓑ ぺったん卵焼きとオクラソテー

（材料）

【ぺったん卵焼き】
卵…1個
塩…1つまみ
砂糖…2つまみ
オリーブ油…小さじ1

【オクラソテー】
オクラ…2〜3本
塩…1つまみ
オリーブ油…小さじ1

（作り方）

① 卵に塩と砂糖を入れてよく混ぜ合わせる。オクラはガクを取って塩をまぶし、産毛を取り除き、ざっと洗ったら水気を拭き取って食べやすい大きさに切る。
② フライパンに油を熱し、卵液を流し入れる。表面が固まってきたら折りたたむ。
③ 完全に火が通ったら卵焼きを取り出す。油を足してオクラを焼き、全体に焼き色がついたら取り出す。お好みで塩をふる。

POINT

オーブントースターで簡単！

オーブントースターなら、焼いている途中で肉巻きおにぎりを動かさずに全体に火を通せるので、型崩れの心配ナシ。焼いた後はアルミホイルを捨てるだけなので片づけも簡単。タレをつくるのが面倒なら、市販の焼肉のタレでOK！

ソース焼きそば

Ⓐ ソース焼きそば

Ⓐ ソース焼きそば

（材料）

豚薄切り肉
…２～３枚（約60～90g）
キャベツ…１枚（約50g）
にんじん…２cm分（約20g）
青ねぎ…１本
紅しょうが…適量（お好みで）
サラダ油…小さじ２
焼きそば用蒸し麺…１人分

A しょうゆ・みりん
…各小さじ１
中濃ソース
…小さじ１～２

※**A**は焼きそばに付属のソースでもOK

（作り方）

① 肉は３等分の長さに切る。キャベツはざく切り、にんじんは細切り、青ねぎは２～３cmの長さに切る。
② フライパンに油をひき、肉を全体に広げて並べる。その上に切った野菜をのせる。フタをして中火にかけ、２分加熱。
③ 麺を袋に入れたまま耐熱皿にのせ、レンジで１分20秒加熱する。
④ フライパンのフタを取り、肉に火が通っているのを確認したら、上下を返すように大きく混ぜ一度火を止める。具を寄せてフライパンの半分を空け、温めておいた麺を入れる。
⑤ 再度中火にかけ、麺に**A**または付属のソースをかけて箸で軽くほぐしながらからめる。麺全体にソースがまわったら具と合わせてざっと混ぜ合わせる。
⑥ お好みで紅しょうがをのせる。

POINT

麺は袋のまま電子レンジへ

蒸し麺は袋から出さずに電子レンジで温めることで、麺が蒸気でうまく蒸されてほぐれやすくなります。調理時は混ぜすぎないことを意識すると、麺が切れず、冷めてもほぐれやすくなりますよ！

Column 02

「彩り」のコツ、教えます

少しハードルが高そうな「彩りのいいお弁当」も、コツさえわかれば楽勝。
すぐに実践できる5つの簡単テクニックをご紹介します。

お弁当に彩りを加える5つのテク

3系統でOK

① 色は5色？ いいえ、3系統でOK!

割合は気にせず、赤・黄・緑・白・茶が入ればお弁当はおいしく見えるもの。この5色をざっくり「系統」でとらえ、オレンジやピンクもまとめて「赤系」、黄緑は「黄系」か「緑系」、白や茶は「ベージュ系」と考えて、このうち3系統あれば上出来！

②「チョイふり」で即解決!

鮭や梅（赤）、のりたま（黄）、乾燥パセリと青のり（緑）、ごまとけずり節（ベージュ）といったように、4系統の色の乾物や市販のふりかけを常備しておけば、さっとふるだけでお弁当に1色プラス！

③ ミニトマト&果物が最強!

調理がいらず、「ただお弁当箱に入れるだけ」でOKなひと口サイズ食材は、カラフルな色合いが多く本当に強い味方。困ったらこれらを入れておけば大丈夫！

④ 食材や断面でバイカラー作戦

外と中で色が違うかぼちゃ（緑×黄）、さつまいも（赤紫×黄）、ゆで卵（白×黄）、からあげ（茶×白）など、品数を増やさず断面で2色取りできるものは便利。

⑤ おかずカップで彩り強化

補色（色相環で対角線上にある色）でメリハリを、類似色（色相環の隣接色）と合わせれば鮮やかさを補強。おかずとカップの組み合わせだけでも効果あり！

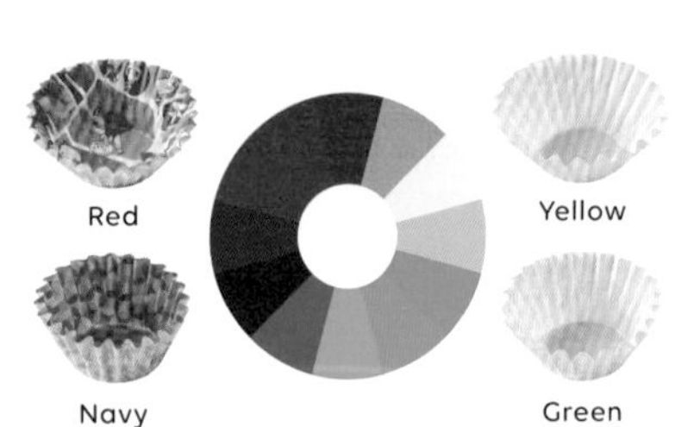

Week 03

第3週

今週の主役

エビ・鮭

エビ&鮭は、魚介類を食べたいときのWエース食材です。
下ごしらえ要らずで、火の通りも早いから大助かり。
さらに赤みのある色合いが、
お弁当を華やかに彩ってくれます。

Week 03

第3週

今週のお買い物リスト

今週の主役

冷凍むきエビ…100g程度
生鮭（切り身）…1～2切れ

卵	小1パック（1個）
にんじん	小2本（200g程度）
玉ねぎ	1個（200g程度）
ブロッコリー	1株（100g程度）
いんげん	3～5本（30g程度）
ミニトマト	1パック（100g程度）
冷凍むき枝豆	適量
ハム	1パック（50g程度）
ちくわ	2本（50g程度）
お好みの果物	適量
コーン缶	1缶（120g程度）
さば水煮缶	1缶（190g程度）
イングリッシュマフィン	1個
冷凍うどん	1人分（150g程度）
塩こんぶ	適量

This week's menu

今週のメニュー

Mon.

鮭マヨパン粉焼き

Tue.

エビマヨブロッコリー

Wed.

さば缶オムレツサンド

Thu.

エビとハムのピラフ

Fri.

ちくわと野菜のかきあげ
冷やしうどん

鮭マヨパン粉焼き

Ⓐ 鮭マヨパン粉焼き

（材料）
生鮭… 1切れ
塩・こしょう…各1つまみ
マヨネーズ…小さじ2
パン粉…大さじ1程度
オリーブ油…小さじ2

（作り方）
① 鮭は半分の大きさに切り、ペーパーで水気を拭き取ったら塩とこしょうをふる。マヨネーズを全体に塗って、パン粉を押しつけるようにしてしっかりつける。
② フライパンに油を熱し、①を入れる。フタをして弱めの中火で2分30秒加熱し、パン粉がきつね色になったらひっくり返す。弱火にして3～4分焼き、完全に火を通す。

Ⓑ ブロッコリーの塩こんぶナムル

（材料）
ブロッコリー… 3～4房
塩こんぶ… 1～2つまみ
ごま油…少々

（作り方）
① ブロッコリーをゆでて水気をしっかりしぼる。
② 塩こんぶ、ごま油と和える。

Ⓒ にんじんガレット

（材料）※つくりやすい量
にんじん…小1本(約100g)
片栗粉・粉チーズ
…各大さじ1
塩… 2つまみ
オリーブ油…小さじ2

（作り方）
① にんじんはせん切りにする。塩をまぶして数分置き、水気が上がってきたら片栗粉、粉チーズと和える。
② フライパンに油を熱し、スプーンで一口大に分けた①を入れて表面を平らにならす。弱めの中火で2～3分、両面をこんがり焼く。

Ⓓ 枝豆ふりかけごはん

（材料）
ごはん…子ども茶碗1杯分
(約150g)
冷凍むき枝豆…適量(お好みで)
ふりかけ
…適量(お好みで)

（作り方）
① 冷凍の枝豆を袋の説明書きに沿って解凍し、ごはんと混ぜる。
② お好みのふりかけをふる。

エビマヨブロッコリー

Ⓐ エビマヨブロッコリー

（材料）
冷凍むきエビ…約50g
ブロッコリー… 2～3房
塩… 1つまみ
片栗粉…適量
オリーブ油…小さじ2
A マヨネーズ・ケチャップ…各大さじ½
酢…小さじ½
砂糖… 2つまみ
にんにく（すりおろし）…少々（省略可）

（作り方）
① エビは解凍したらペーパーで水気を拭き取り、塩をふって片栗粉を全体にまぶす。**A**を合わせておき、ブロッコリーは食べやすい大きさに切り分ける。
② フライパンに油をひき、エビを並べて中火にかける。フタをして2分加熱し、エビに焼き色がついたらひっくり返し、ブロッコリーを加えさらにフタをして1分半加熱する。
③ 両面がよく焼けたら**A**を加え、汁気をとばしてからめる。

Ⓑ 枝豆とコーンのおかか和え

（材料）
冷凍むき枝豆…大さじ3
コーン缶…大さじ3
めんつゆ（または白だし）…大さじ2
けずり節…適量（お好みで）

（作り方）
① 枝豆とコーンはそれぞれ水気をよく切り、ペーパーで水気を抑える。
② ①を耐熱容器に入れて、めんつゆ（または白だし）を加えて全体を混ぜる。
③ ふんわりラップをしてレンジで1分30秒加熱する。取り出してラップを外し、けずり節を混ぜる。

POINT

ストック食材でつくり置き

冷凍の枝豆、コーン缶など保存食で簡単につくる1品は、冷蔵で3～4日持つのでつくり置きに。お好みで、さいの目切りにしたハムなどを入れてもおいしいのでいろいろアレンジしてみましょう。

知ってトクする豆知識

けずり節やすりごまは、味にうまみをプラスするだけでなく、乾物の特性から食品の汁気も吸ってくれます。おかずカップに乾物を敷いてから副菜を盛りつけると、さらに汁気予防の効果あり！

さば缶オムレツサンド

Ⓑ お好みの野菜や果物

Ⓐ さば缶オムレツサンド

Ⓐ さば缶オムレツサンド

（材料）

イングリッシュマフィン
…１個

【さば缶オムレツ】

さば水煮缶…⅓缶（約30g）
玉ねぎ…⅛個（約25g）
ブロッコリー…１房
ミニトマト…１個
卵…１個
塩…１つまみ
オリーブ油…小さじ２

【オーローラソース】

ケチャップ・マヨネーズ
…各大さじ½

（作り方）

① さばは缶から取り出して軽くほぐし、ペーパーで包み水気をしぼる。玉ねぎはさいの目切り、ミニトマトは４等分に切る。ブロッコリーはゆでて、縦半分に切って薄くする。卵は溶いておく。

② フライパンに油を熱し、玉ねぎとブロッコリーを炒める。玉ねぎが透き通ったらさばとミニトマトを加え、塩をふり、ざっと炒める。

③ 溶き卵を流し入れて全体をざっくり混ぜ、半熟になったらフタをして弱火で１分30秒蒸し焼きにする。焼き色がついたらひっくり返し、両面にしっかり焼き色がついて卵に完全に火が通ったら取り出し冷ます。

④ オーロラソースの材料を耐熱皿に入れて混ぜ、ラップをせずに30秒レンジで加熱する。

⑤ 切れ目を入れたイングリッシュマフィンに④をたっぷり塗り、③を挟む。

POINT

きれいに焼かなくても大丈夫

オムレツはパンに挟むので崩れても大丈夫。しっかり冷やしてから挟むと、切ったとき断面がきれいになります。またクッキングシートより保形性が高く型崩れしづらいアルミホイルで包むのもコツ。

知ってトクする豆知識

サンドイッチにミニトマトを一緒に挟むのは、トマトの酸味がさばとよく合い、臭みを消してくれるから。また、さばの代わりにお好みで缶詰のツナを使っても、同じようにおいしくつくれます。

エビとハムのピラフ

Ⓐ エビとハムのピラフ

Ⓐ エビとハムのピラフ

（材料）

冷凍ごはん…
　子ども茶碗１杯分（約150g）
冷凍むきエビ…50g
ハム…２枚
玉ねぎ…¼個（約50g）
いんげん…２本
にんじん…２cm（約20g）
コーン缶…大さじ１
オリーブ油…小さじ２
塩…２〜３つまみ
こしょう…少々
乾燥パセリ…適量（お好みで）

（作り方）

① ハムと玉ねぎはさいの目切り、いんげんはヘタを取り１cmの長さに切る。にんじんは粗みじん切り。コーンは水気を切っておく。むきエビは解凍し、水気をペーパーでしぼる。ごはんはレンジで加熱して温めておく。

② フライパンに油（小さじ１）を熱し、エビの両面を焼いて一度取り出す。フライパンをペーパーで軽く拭いたら、再度残りの油を入れる。切った野菜とコーンを入れて中火にかけフタをして１分加熱。野菜に火が通ってきたところでフタを取って、ハムを加えざっと炒める。

③ 一度火を止め、温かいごはんとエビを加える。中火にし、ざっと炒めて塩とこしょうで味つけする。お好みで乾燥パセリをふる。

POINT

炒めごはんは「レンチン冷凍ごはん」

炒めごはんは、炊きたてよりも、冷たいごはんよりも「レンジで温めた冷凍ごはん」がオススメ。炊きたてよりも水気が少なく、冷たいごはんよりもフライパンに入れたときに温度を下げないので、仕上がりがベトつきにくくなります。また、ごはんを熱々にすることで、すぐにほぐれ水分がとびやすい効果も。ごはんを入れたら、ざっくり大きく混ぜる感覚で、短時間で炒めましょう。

ちくわと野菜の かきあげ冷やしうどん

Ⓐ ちくわと野菜のかきあげ冷やしうどん

Ⓐ ちくわと野菜のかきあげ冷やしうどん

（材料）
冷凍うどん… 1人分
めんつゆ… 1人分
サラダ油…大さじ4
【かきあげ】
ハム… 1枚
にんじん… 2cm(約20g)
いんげん… 1本
コーン缶…小さじ1
薄力粉…小さじ2
市販の天ぷら粉…適量
水…適量
【ちくわの磯辺あげ】
ちくわ… 1本
青のり…適量(お好みで)
薄力粉…小さじ1
市販の天ぷら粉…適量
水…適量

（作り方）
① うどんはレンジにかけて解凍し、冷水でしめてから水気をしっかり切る。
【かきあげ】
② ハムとにんじんは細切り、いんげんは斜めの細切りにする。コーンと合わせて薄力粉小さじ1(または溶いていない天ぷら粉でも可)を全体にまぶす。
③ フライパンに油を入れて弱火にかける。②に規定量の水で溶いた天ぷら粉を加え、粉っぽさが残る程度にざっくり混ぜる。スプーンで適当な大きさにまとめてフライパンに入れたら、1cm程度の厚さに平らにする。
④ 火を少し強め、2〜3分加熱し、きつね色になってきたらひっくり返し、同様に加熱する。からりとあがったら金網にとって油を切り、冷ます。
【ちくわの磯辺あげ】
⑤ ちくわは半分の長さにし、さらに縦半分に切る。
⑥ ⑤に薄力粉小さじ1(または溶いていない天ぷら粉でも可)をまぶす。規定量の水で溶いた天ぷら粉にお好みの量の青のりを加える。そこにちくわをくぐらせ、④の油でカラッとするまであげる。

POINT

カラッとかきあげのコツ

かきあげをカラッとあげるコツは、火が通ってまわりに大きな泡が出てきたら、穴を開けるように数カ所に箸を刺すこと。そこから油が入ることで火の通りがよくなり、カラッとおいしくあがります。

Column 03

お手軽「調理」のコツ、教えます

本書にはからあげやハンバーグも登場しますが、「朝からそれはちょっと面倒……」と感じる方も多いのでは？　面倒な作業はアウトソーシングしてラクしちゃいましょう！

冷凍食品や市販の惣菜をフル活用！

油を使う調理が面倒なら、前日の夜や週末のつくり置きで冷凍保存すればOK。もちろん市販の冷凍食品や惣菜も活用しましょう。カット野菜や冷凍野菜は、切ったりゆでたりが省略できてオススメ。お弁当に入れる前に再加熱して冷ます。これさえ心がければ、強い味方になります。（安全対策についてはp8で詳しく紹介！）

缶詰・ビン詰めが超便利！

食品を入れて密封し、腐敗の元になる微生物を加熱殺菌して常温での長期保存が可能な缶詰やビン詰めはお弁当向き。コーンやミックスビーンズは彩りにも活躍。ツナ缶、さば缶は味つけいらず。

合わせ調味料におまかせ！

細かい味つけや計量が苦手なら、市販の合わせ調味料に頼るのが一番。特にオススメは3つ。

○**めんつゆ**：甘辛和風味に。てりやきや煮物、親子丼などの卵とじにも。

○**合わせ酢**：さっぱり酢のものに。野菜ピクルス、ごま酢和えなど。

○**焼肉のタレ**：こってり甘辛味。焼いた肉や魚、肉巻きなどの味つけに。

Week 04

第4週

今週の主役

牛切り落とし肉

お高めの牛肉を、ちょっとお安く
買えるのがうれしい。
薄く切り出しているので赤身でも加熱後に固くなりにくく、
火も通りやすいのが魅力です。

Week 04

第4週

今週のお買い物リスト

今週の主役

牛切り落とし肉
…200〜250g程度

卵	小1パック(2個)
玉ねぎ	1〜2個(300〜400g程度)
にんじん	小2〜3本(250g程度)
ピーマン	3個(100g程度)
スナップえんどう	6本(100g程度)
さつまいも	3本(500〜600g程度)
ミニトマト	1パック(100g程度)
ハム	6枚(80g程度)
ビーフン(味つき)	1袋
ピザ用チーズ	50g程度
お好みのパン(ミニバゲットなど)	1〜2個

This week's menu

今週のメニュー

Mon.

ハッシュドビーフ

Tue.

プルコギ丼

Wed.

ピザトースト

Thu.

牛バラ焼き

Fri.

ハムエッグビーフン

ハッシュドビーフ

Ⓐ ハッシュドビーフ

（材料）
牛切り落とし肉…60〜70g
玉ねぎ…¼個(約50g)
スナップえんどう…２〜３本
オリーブ油…小さじ2
塩…１つまみ
薄力粉…小さじ1程度
A ケチャップ・中濃ソース…各小さじ2
　酒…小さじ1
　水…大さじ2

（作り方）
① 玉ねぎは１cm幅に切り、スナップえんどうはすじを取って斜め半分に切る。Aをすべて合わせておく。
② フライパンに油をひき、玉ねぎを全体に広げ、その上に肉を広げて、塩をふる。フタをして中火にし、１分30秒加熱する。
③ フタを取り、全体を軽く炒める。肉に火が通ったら一度火を止め、薄力粉を全体にふり入れ、火を止めたまま、粉っぽさがなくなるまで混ぜる。
④ 再度火をつけて、Aとスナップえんどうを加える。中火で炒めて、しっかりとろみをつける。

Ⓑ さつまいもとにんじんのコンソメバター煮

（材料）※つくりやすい量
さつまいも…小１本(150g)
にんじん…小１本(100g)
固形コンソメ…１個(顆粒なら大さじ½)
バター…小さじ1（５g）
塩…１つまみ
砂糖…２つまみ
水…１カップ

（作り方）
① さつまいもとにんじんはタワシでこすり洗いし、皮をむかずに、それぞれ１cm幅程度の輪切りにする。さつまいもは切ったら水に５分間つけてアク抜きし、水気を切る。
② 鍋にすべての材料を入れ、落としぶた代わりにキッチンペーパーを１枚のせて、中火にかける。沸騰したら弱火にし、汁気がなくなるまで煮つめる。

POINT

キッチンペーパーをフル活用

Ⓑを煮る際、キッチンペーパーをかぶせると、沸騰しても野菜がグラグラせず煮崩れ防止に。加熱後ペーパーを取らず常温まで冷ますと味がさらに染みこみます。

知ってトクする豆知識

片栗粉や薄力粉を利用してとろみをつける際は、とろっとしてから１分以上加熱しましょう。粉にしっかり火を通すことで、冷えた後もとろみが切れにくくなります。

プルコギ丼

Ⓐ プルコギ丼

（材料）
牛切り落とし肉…60〜70g
玉ねぎ…¼個（約50g）
ピーマン…½個
にんじん…３cm分（約20g）
A にんにく（すりおろし）…少々
しょうゆ…小さじ２
酒・はちみつ・いりごま・ごま油…各小さじ１
ゆで卵…½個分
白ごま…適量（お好みで）
青のり…適量（お好みで）
ごはん…子ども茶碗１杯分（約150g）

（作り方）
① 肉と**A**をポリ袋に入れ、袋の上からもみこむ。
② ピーマンは種とワタを取り、玉ねぎと一緒に１cm幅に切る。にんじんは細切りにする。
③ フライパンに①を広げる。その上に②を広げる。フタをして中火にかけ、２分経ったらフタを取り、肉をほぐしながら全体を軽く炒める。
④ 火を強めて汁気をとばすように炒めたら、ごはんの上にのせる。ゆで卵を切って盛りつけ、青のり、白ごまをお好みでふる。

Ⓑ さつまいもの塩ゆで

（材料）
さつまいも…中１本（約250g）
塩…小さじ½
黒ごま…適量（お好みで）

（作り方）
① さつまいもはタワシでこすり洗いし、１cm幅の輪切りにする。切ったら水に５分間つけてアク抜きし、水気を切る。
② 鍋にさつまいもを入れ、さつまいもの高さの７割ぐらいまで水を注ぐ。塩を加えて水に溶かしたら、フタをして中火にかける。
③ 沸騰したら少しだけ火を弱めて５分煮て、火を止める。フタをしたまま10分置く。お好みで黒ごまをふる。

POINT

お弁当の便利食材「さつまいも」

切ってすぐ水につけるのは、加熱後の黒ずみを防ぐため。また、皮つきのまま火にかけると煮崩れしにくくなり、皮と実で２色を取れるので一石二鳥。保存が利き、１年中入手しやすい便利食材です。

知ってトクする豆知識

刻みのり、黒ごまなどの「黒」はほんの少しでも存在感があり、お弁当全体の彩りを引き締めてくれます。少量でも入れることでミネラルやカルシウムなど不足しがちな栄養も手軽に補給できます。

ピザトースト

Ⓐ ピザトースト

（材料）

お好みのパン
（今回はミニバゲット）… 1 個
ピザ用チーズ
…½カップ（約50g）
玉ねぎ…⅙個（約35g）
ピーマン…½個
ハム… 2 枚
ケチャップ…大さじ 2

（作り方）

① ピーマンは種とワタを取り、玉ねぎ、ハムと一緒に細切りにして混ぜておく。
② パンにケチャップを塗り、半分の量のチーズを広げてのせる。①をのせて全体に広げ、さらにその上にチーズをのせる。
③ オーブントースターで 7 〜 8 分、チーズが溶けて焼き色がつくまで焼く。
④ 焼き上がったら取り出して、完全に冷めてから切り分ける。

Ⓑ さつまいものみたらしあん

（材料）

さつまいも…小 1 本（約150g）
白ごま・黒ごま
…適量（お好みで）
【みたらしあん】
しょうゆ…大さじ 1
砂糖…大さじ 1
みりん・水…各小さじ 2
片栗粉…小さじ 1

（作り方）

① さつまいもは拍子木切りにして水に 5 分つける。
② ①の水を軽く切ったら、耐熱皿に並べてふんわりラップをして 2 分30秒レンジで加熱する。取り出してラップを外し、蒸気を逃して水気を取る。
③ みたらしあんの材料を耐熱容器に入れてよく混ぜる。ラップをせずにレンジで30秒加熱して一度取り出し、全体をよく混ぜたら再度30秒加熱して取り出し、よく混ぜる。
④ とろみがしっかりついたら、②を加えて和え、お好みでごまをふる。

POINT

チーズで具材をサンド！

チーズを2回に分けてのせるのは、具を挟んでパンから落ちるのを防ぐため。焼いた後は、熱いうちに切り分けると具がこぼれ落ちやすいので、完全に冷めてからカットしましょう。

簡単便利な「みたらしあん」

みたらしあんはおやつにも使えるので、覚えておくと便利です。今回はさつまいもを使いましたが、ほかにも、さといも、かぼちゃなど市販の冷凍野菜を解凍してかけるだけで1品完成！

牛バラ焼き

Ⓐ 牛バラ焼き

（材料）
牛切り落とし肉…60〜70g
玉ねぎ…1/3個（約70g）
A しょうゆ・砂糖
…各小さじ1/2
B みりん・しょうゆ
…各小さじ1
ごま油…小さじ2

（作り方）
① 玉ねぎは1.5cm幅に切る。肉に**A**をかけ、よくなじませる。
② フライパンに油をひき、玉ねぎを広げて並べ、その上に肉を広げる。フタをして中火で1分30秒加熱する。
③ フタを取り、肉をほぐしながら全体を混ぜ合わせる。牛肉に火が通ったら**B**を加え、火を強めて汁気をとばす。

Ⓑ ピーマンとにんじんのナムル

（材料）※つくりやすい量
ピーマン…2個
にんじん…小1本（約100g）
A 塩…2つまみ
砂糖…1つまみ
すりごま・ごま油
…各小さじ2

（作り方）
① ピーマンは種とワタを取り、にんじんと一緒にせん切りにして混ぜ合わせる。耐熱容器に入れ、ふんわりラップをして40秒レンジで加熱する。
② 粗熱が取れたらキッチンペーパーで包んで水気をしぼる。
③ ボウルに**A**を入れ、塩と砂糖の粒がなくなるまですり混ぜる。②を加えて和える。

POINT

レンジ＆ペーパーで時短！

ピーマンやにんじんが苦手……というお子さんは多いのではないでしょうか。特に青臭さがイヤ、という場合は、軽く火を通すだけで臭みが抑えられてグッと食べやすくなります。レンジなら簡単。また加熱によって水気も早く出やすくなるので、レンジから出して粗熱を取りキッチンペーパーでしぼれば、水っぽくないおいしいナムルがあっという間に完成です！

ハムエッグビーフン

Ⓐ ハムエッグビーフン

（材料）
ハム… 4枚
卵… 1個
ビーフン(味つき)… 1袋
玉ねぎ…¼個(約50g)
にんじん… 3㎝分(約20g)
スナップえんどう
…2〜3本
ごま油…小さじ2
青のり…適量(お好みで)

（作り方）
① ハム2枚、玉ねぎ、にんじんは1㎝幅の薄切りにする。スナップえんどうはすじを取って斜め切りにする。全部まとめて合わせておく。
② フライパンに油(小さじ1)を熱し、残りのハム2枚と卵1個を焼いたら取り出す。卵は黄身に穴を開けて両面焼きにして完全に火を通す。
③ 深めの耐熱容器に、ビーフンとその上に①をのせて入れ、水(⅔カップ・分量外)を加えたらふんわりラップをする。レンジで3分加熱したら一度取り出し、油(小さじ1)を加えて麺をほぐしながら全体を混ぜ合わせる。
④ 再度ラップをして、レンジで3分加熱する。取り出して全体を混ぜ合わせて、ラップを外して蒸気をとばす。②をのせて盛りつけ、お好みで青のりをふる。

※フライパンでつくる場合は……
③ ②までは同様につくる。フライパンに油小さじ1をひき、①の半分の量→焼きビーフン→残りの①の順でのせていき、水(180㎖・分量外)を入れる。フタをして4分加熱したらフタを取り、全体を混ぜ合わせながら汁気をとばす。②をのせて盛りつけ、お好みで青のりをふる。

知ってトクする豆知識

「ふんわりラップをする」というのは、容器とラップの間に空間をつくり、熱で膨らんだ蒸気によってラップが破れるのを防ぐため。耐熱容器などに、ピンと張らずに余裕を持たせてラップをかぶせます。一方、容器の端はすき間なく閉じて。できた蒸気を加熱中に逃がさないためです。本体もフタもレンジOKの容器で加熱する際は、フタを完全に閉じず斜めにのせます。蒸気の逃げ道をつくりつつ蒸発しすぎを防ぐことができます。

Column 04

「和える」と「ふる」のコツ、教えます

意外と考えるのが大変な野菜を使った副菜は「和える」で一発解決。
肉などは「粉をふる」だけでワンランクアップ。2つの必殺技、教えます！

野菜は基本的に和えればおいしい

ほとんどの野菜は、さっとゆでてから調味料と和えてしまえば、それだけでもおいしくなるもの。
○ごま和え　○塩こんぶ和え　○ポン酢和え　○合わせ酢和え
などパターンはいろいろありますが、特に便利な「ごま和え」はおいしく作る比率があります。

すりごま（2）：しょうゆ（1）：砂糖（1）

この黄金比を覚えておけば、簡単に副菜がつくれます。

和えものの注意点

和えものをつくる際は、「野菜の水気をしっかり取る」ことだけは注意しましょう。調味料と野菜を和えた後に一度、キッチンペーパーでしぼると、汁もれだけでなく傷み対策にもなります。

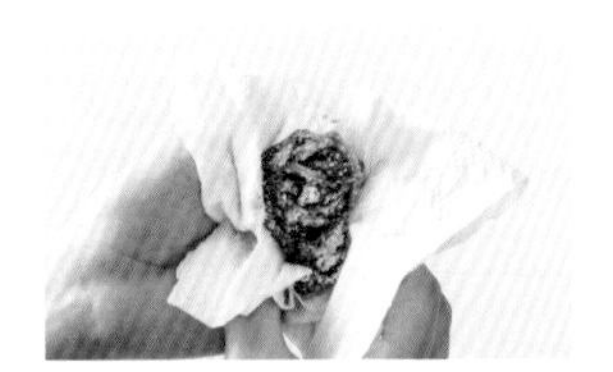

片栗粉、薄力粉は「卓上型」が便利

肉などの表面にほんの少しだけ粉をふってから焼くだけで、衣がついて照りが出やすくなったり、味がよくついたり、汁気を閉じこめてくれたりと大活躍。最近はさっとふりかけられる卓上のボトル型が登場。手軽に使えて本当に便利！

Week 05

第5週

今週の主役

ひき肉

リーズナブルな価格ながら、どんな形にも変幻自在。
火が通りやすく、味も染みやすいのがひき肉のいいところ。
あまり日持ちがしないので、
パラパラにほぐしやすい冷凍を購入するのもアリ。

Week 05

第5週

今週のお買い物リスト

今週の主役

ひき肉（あいびき）
…150～200g程度
ひき肉（鶏）
…150～200g程度

卵	小1パック（1個）
じゃがいも	2個（300g程度）
きゅうり	4本（400g程度）
玉ねぎ	1個（200g程度）
パプリカ（赤・黄）	各1個（各150g程度）
ミニトマト	1パック（100g程度）
牛乳（または豆乳）	適量
ミックスビーンズ	適量
冷凍むき枝豆	適量
ハム	1～2枚（20～30g程度）
ピザ用チーズ	50g程度
春巻きの皮	適量
イングリッシュマフィン	1個
冷凍うどん	1人分（150g程度）

This week's menu

今週のメニュー

Mon.

ハムポテトチーズ春巻き

Tue.

チリコンカン

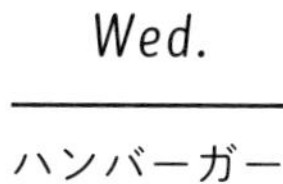

Wed.

ハンバーガー

Thu.

ドライカレー

Fri.

からくないジャージャーうどん

ハムポテトチーズ春巻き

Ⓐ ハムポテトチーズ春巻き

（材料）
じゃがいも…½個(70g)
ハム…１枚
ピザ用チーズ…１つまみ
春巻きの皮…１枚
塩…１つまみ
サラダ油…大さじ１

（作り方）
① じゃがいもは皮をむいて３〜４等分し、ざっと水につける。耐熱皿に並べて、ふんわりラップをして１分レンジで加熱。余熱でやわらかくなるまで置いたらラップを外してつぶし、塩を加えて混ぜる。
② つぶした①でチーズを包み、たわら型にする。
③ 春巻きの皮の上にハムと②をのせて包み、巻き終わりを下にして置いておく。
④ フライパンに油を入れ、巻き終わりを下にして③を入れる。中火にかけ、全体がきつね色になるまで焼き、金網に取って冷ます。

Ⓑ 巾着たまご

（材料）
卵…１個
塩…１つまみ
砂糖…１つまみ
サラダ油…小さじ２

（作り方）
① 卵を溶き、塩と砂糖を加えて混ぜる。
② フライパンに油を熱し、①を流し入れ、箸で大きく混ぜて卵に完全に火を通す。
③ 熱々のうちにラップで巾着状に包み、冷めるまで置く。

Ⓒ 浅漬けきゅうり

（材料）※つくりやすい量
きゅうり…２本(約200g)
塩…小さじ１
けずり節…１パック(５g)
(※または市販の白だしを使ってもOK)

（作り方）
① きゅうりは両端を落として乱切りにし、沸騰した湯に10秒つけたら、取り出して水気をよく切る。
② ①を保存袋に入れ、袋ごともんで細かくしたけずり節と塩を加える。袋をふって全体に塩をまぶしたら、空気を抜き重石をして30分冷蔵庫に置く。
③ 盛りつけの際は、ペーパーできゅうりの水気をしぼり、お好みでけずり節(分量外)をまぶす。

Ⓓ 枝豆ごはん

（材料）
ごはん…子ども茶碗１杯分(約150g)
冷凍むき枝豆…適量(お好みで)
黒ごま…適量(お好みで)

（作り方）
① ごはんと解凍した枝豆を混ぜる。お好みで黒ごまをふる。

チリコンカン

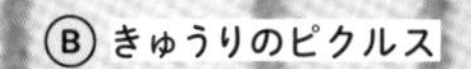

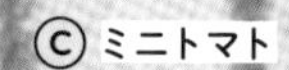

A チリコンカン

Ⓐ チリコンカン

（材料）

鶏ひき肉…60g
ミックスビーンズ
…大さじ1（約30g）
玉ねぎ…¼個（約50g）
パプリカ（赤・黄）…各⅛個
オリーブ油…小さじ1

A
塩…2つまみ
砂糖…1つまみ
ケチャップ・酒
…各小さじ1
こしょう・乾燥パセリ
…各少々
ナツメッグ・オレガノ
…各少々（省略可）

ごはん…子ども茶碗大盛り
1人分（約160〜170g）

（作り方）

① パプリカは種とワタを取り、玉ねぎと一緒にさいの目切りにする。
② フライパンに油をひき、①を広げる。その上に肉を広げて、フタをして中火に1分30秒加熱する。
③ 肉の色が白くなったらフタを取り、ミックスビーンズを加え、肉をほぐしながら木べらで炒める。肉に完全に火が通り水気が上がってきたら**A**を加えてざっと混ぜ、フタをして1分加熱。
④ フタを取り、火を強めて汁気をとばす。
⑤ ごはんの上に④をのせる。

Ⓑ きゅうりのピクルス

（材料）※つくりやすい量

きゅうり…2本（約200g）

A
塩…小さじ¼
酢…大さじ3
砂糖…大さじ1〜2

（作り方）

① きゅうりは両端を落としてピーラーで縞模様に皮をむき、2〜3㎝幅に切る。沸騰させた湯にきゅうりを入れたら、火を止めて10秒置く。
② 水気をしっかり切ったら保存袋に入れ、**A**を加える。空気を抜き30分以上冷蔵庫に置く（上に重しをのせると、より早く味が染みこむ）。

知ってトクする豆知識

きゅうりは切った後、塩もみや味つけの前に、ざっと湯通しするようにするといいでしょう。これにより殺菌することができますし、味も染みこみやすくなって漬け時間も短縮できますよ！

Week 05 ⋮ Day 03

ハンバーガー

Ⓐ ハンバーガー

（材料）
イングリッシュマフィン… 1 個
あいびき肉…60～70g
A
玉ねぎ（すりおろし）…⅛個分（約25g）
パン粉…大さじ 1
牛乳または豆乳…大さじ 1
塩… 1 つまみ
こしょう・ナツメッグ…各少々
オリーブ油…小さじ 1
B
ケチャップ…大さじ½
中濃ソース・酒…各小さじ

（作り方）
① ポリ袋またはボウルに、**A**を入れて混ぜる。
② パン粉が水分を吸ったら、肉を加えてこねて形を整え、中央にくぼみをつくる。
③ フライパンに油をひき、②を入れてフタをして中火にかける。こんがり焼き色がついたらひっくり返す。
④ 水（大さじ 1 程度・分量外）を加えて再度フタをして、中心まで完全に火が通るまで蒸し焼きにする。
⑤ フタを取り、ペーパーでまわりのアクや油脂を取り除いたら、合わせた**B**を加え、火を強めてソースをからめる。
⑥ イングリッシュマフィンを半分に切り⑤を挟む。

Ⓑ クラッシュチーズポテト

（材料）
じゃがいも…小 1 個（約120g）
ピザ用チーズ… 2 つまみ
塩… 1 つまみ
片栗粉…少々
オリーブ油…小さじ 1

（作り方）
① じゃがいもはタワシでこすり洗いし、皮をむかず半分に切る。濡らしたキッチンペーパーで包んだ上からラップで包み、耐熱皿に置いて 3 分レンジで加熱する。
② 取り出して、そのまま 5 分置いて完全に中心までやわらかくなったら包みを取り、ぎゅっと押して平らにつぶす。表面に片栗粉をまぶす。
③ フライパンに油を熱し、②を入れ、上にチーズをのせる。フタをして 1 分、チーズが溶けはじめたらフタをとり、両面に焼き色がつくまで焼いて塩をふる。

※オーブントースターでつくる場合は……
③ ②までは同様。②のじゃがいも全体に軽く油をからめたら、天板に置き、チーズをのせて両面に焼き色がつくまで焼き、塩をふる。

Ⓒ きゅうりのピクルス

※前日（p73）に作ったものの残りを利用する

ドライカレー

Ⓐ ドライカレー

（材料）
ひき肉（鶏またはあいびき）
…60g
玉ねぎ…¼個（約50g）
パプリカ（赤・黄）…各¼個
じゃがいも…½個（約70g）
冷凍むき枝豆
…小さじ１程度
オリーブ油…小さじ１
しょうが（すりおろし）…少々
カレー粉…小さじ１
A ケチャップ・中濃ソース
…各大さじ½
塩…１つまみ
砂糖…２つまみ
水…大さじ２
ごはん…子ども茶碗大盛り
１人分（約160〜170g）
乾燥パセリ…適量（お好みで）

（作り方）
① パプリカは種とワタを取り、じゃがいもは皮をむく。玉ねぎ、パプリカ、じゃがいもをさいの目切りにする。
② フライパンに油をひき、肉を広げ入れる。その上に①と枝豆を入れ、フタをして中火で２分加熱する。
③ フタを取り、肉を木べらでほぐしながら全体を炒める（※あいびき肉は鶏肉に比べ油脂が多いので、気になる場合はここで一度、ペーパーで油脂を拭き取る）。
④ しょうがとカレー粉を加えて全体を炒めたら、一度火を止めて**A**を加える。
⑤ 全体をよく混ぜたら、フタをして再度中火にかける。クツクツ沸騰したら弱火にして２〜３分加熱する。煮つまってきたらフタを取り、肉とじゃがいもに完全に火が通っているかを確認して火を強め、汁気をとばす。
⑥ ごはんを盛りつけ、中央にくぼみをつくって⑤をのせる。お好みで乾燥パセリをふる。

POINT

市販のカレールウでも大丈夫

カレー粉がなければ市販のカレールウを細かく刻めばOK。一発で味つけが決まります。ルウを入れるのは、水を入れて一度火を止めた後。ここで溶かして加熱することで、しっかりルウが溶けます。

知ってトクする豆知識

お弁当箱への色やにおい移りが気になるカレーですが、ごはんの真ん中をくぼませてその中にカレーを収め、上にクッキングシートをかぶせると、容器に直接カレーが触れず、色・におい移り予防に。

からくない ジャージャーうどん

Ⓐ からくないジャージャーうどん

（材料）

冷凍うどん… 1 人分
ふりかけ…適量(お好みで)

【ひき肉みそダレ】

鶏ひき肉…70g
玉ねぎ…¼個(約50g)
冷凍むき枝豆
…大さじ 1 程度
ごま油…小さじ 1

A
みそ・酒…小さじ 1
オイスターソース
…小さじ½
砂糖… 2 つまみ
しょうが(すりおろし)
…少々

きゅうり…適量(お好みで)

（作り方）

① 冷凍うどんはレンジで解凍し、冷水でしめたら水気をよく切る。
② 玉ねぎはさいの目切りにする。
③ フライパンに油を熱し、肉を広げ、その上に②を広げる。フタをして中火で 1 分30秒加熱したら、フタを取って木べらで肉をほぐしながら炒める。
④ 肉に火が通ったら、枝豆と **A** を加える。全体を混ぜて汁気がなくなるまで炒める。
⑤ うどんとひき肉みそダレを別々の器に盛りつけ、お好みできゅうりを添える(食べる際はタレをうどんにのせて混ぜる)。

POINT

うどんの盛りつけのコツ

うどんをくっつきにくくするには、もまずに優しく洗ってから水切りするのが鉄則。盛りつけも一口大にまとめたり、一口分を同じ向きにそろえたりといった工夫で、くっつきにくくなりますよ！

知ってトクする豆知識

このレシピでつくったひき肉みそダレは、冷凍保存が可能なので、お弁当以外にも活用できます。たとえばお昼ごはんなどで、うどんと一緒に炒め合わせて焼きうどん風にしてもおいしいですよ！

Column 05

「献立」をラクにするコツ、教えます

「スキマ埋め野菜」は定番でのりきる!

しっかりした形で彩りのいい野菜は、そのままで「スキマ」おかずに。皮むきやアク取り不要でレンジ蒸しができるブロッコリーやいんげん、味つけ不要のミニトマト、冷凍枝豆やコーン缶も強い味方。不足分は朝晩の家の食事でとればいいので毎回同じでOK!

種類豊富、サンドイッチのパンは食パン以外で!

お弁当にするなら、定番の食パンよりも手に持っても崩れにくく食べやすいホットドッグバンズやロールパン、イングリッシュマフィンなどがオススメ。挟んだ後に切る必要がなく、具がずれる心配も、断面も気にしなくていい。そして何より、つくるのが簡単!

時短得意な麺のバリエーション

お弁当の麺といえば、なんとなく焼きそばくらいかと思いがちですが、実は種類いろいろ。冷凍うどんはレンジで2分、味つきビーフンはフライパンで4分加熱でOK。パスタもスパゲティだけでなくペンネなどのショートタイプもあり、こちらもレンジで3分(商品により多少の違いはありますが)。時短調理できる麺を使うことで、メニューが広がります。

Week 06

第6週

今週の主役

鶏もも肉

からあげや、てりやきなど、
人気の鶏肉料理に欠かせぬ部位。
ほどよく脂が入り、冷めても固くなりにくい。
ジューシーで、噛むほどに味わい深いうまみも魅力です。

Week 06

第6週

今週のお買い物リスト

今週の主役

鶏もも肉
…250〜300g程度

卵	小1パック(3個)
キャベツ	½個(400g程度)
にんじん	1本(約150g)
玉ねぎ	1個(200g程度)
いんげん	4〜5本(30g程度)
パプリカ(赤・黄)	各1個(各150g程度)
ひじき(ドライパック)	100g程度
ツナ缶	2缶(70g程度×2)
乾燥パスタ(1.6㎜、早ゆで3分用)	100g程度
お好みの果物	適量
全粒粉ロールパン	2個

This week's menu

今週のメニュー

Mon.

鶏のからあげ

Tue.

親子丼

Wed.

てりやきチキン
月見サンド

Thu.

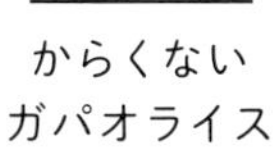

からくない
ガパオライス

Fri.

ツナとカラフル
野菜のパスタ

鶏のからあげ

Ⓐ 鶏のからあげ

Ⓑ コールスロー

Ⓒ 青菜わかめごはん

Ⓐ 鶏のからあげ

（材料）

鶏もも肉…60〜70g
片栗粉…小さじ2
サラダ油…大さじ3
A 塩…1つまみ
砂糖・こしょう…各少々
酒・ごま油…各小さじ½
にんにく（すりおろし）…少々（省略可）
薄力粉…大さじ1

（作り方）

① 肉は3㎝角程度に切る（またはからあげ用のカット済みの肉を用意する）。
② ポリ袋に①と**A**を入れて、袋の上からよくもみ、薄力粉を加えてさらにもみこむ。
③ 片栗粉を加え、全体にまぶす。
④ フライパンに油を入れて、③を並べる。中火にかけて3〜4分、ひっくり返して肉に完全に火が通りきつね色になったら取り出し、金網に上げて油を切る。

※オーブントースターでつくる場合は……

④ ③までは同じ。天板にアルミホイルをくしゃくしゃにしてから広げ、③を重ならないように並べて8分焼く。一度取り出してひっくり返し、さらに5〜7分焼く。完全に火が通ったら完成。

Ⓑ コールスロー

（材料）

キャベツ…⅛個（約100g）
にんじん…¼本（約50g）
A 塩…2つまみ
酢…大さじ1
砂糖…小さじ1〜2
オリーブ油…小さじ2

（作り方）

① キャベツとにんじんは細切りにする。ザルに入れて熱湯をかけ、水気をよくしぼる。
② ①が熱いうちに**A**と混ぜ合わせ、冷蔵庫で冷ます。

Ⓒ 青菜わかめごはん

（材料）

ごはん…子ども茶碗1杯分（約150g）
青菜とわかめのふりかけ…適量（お好みで）
白ごま…適量（お好みで）

（作り方）

① 市販のふりかけをごはんと混ぜてお好みで白ごまをふる。

親子丼

Ⓐ 親子丼

(材料)
鶏もも肉…60〜70g
玉ねぎ…¼個(約30g)
卵…1個
水溶き片栗粉…粉小さじ1を
　同量の水で溶く
いんげん…1本
ごはん…子ども茶碗1杯分
　(約150g)
けずり節…1袋(5g)
A しょうゆ・みりん
　　…各大さじ½
　砂糖…小さじ1
　水…大さじ3
青のり…適量(お好みで)
※**A**は市販のめんつゆでもOK

(作り方)
① 肉は1㎝幅程度のそぎ切り、玉ねぎは薄切り、いんげんは小口切りにする。
② けずり節を袋の上からもんで粉々にし、**A**の調味料と合わせてよく混ぜておく。
③ 卵を溶き、水溶き片栗粉を加えてよく混ぜる。
④ フライパンに玉ねぎを敷き、その上に肉を並べる。②を加えてフタをし、中火にかける。沸騰したらいんげんを加え、フタをしたまま弱火で2〜3分煮て肉に完全に火を通す。
⑤ 火を一度止め、③をまわしかける。箸で汁と一緒に軽く混ぜたら、再度火にかけて卵に完全に火を通す。ごはんの上に盛りつけ、お好みで青のりをふる。

Ⓑ ツナひじきサラダ

(材料) ※つくりやすい量
ひじき(ドライパック)…100g
※すでに戻してあるもの。
　乾物を水で戻してもOK。
キャベツ…1枚(約50g)
にんじん…¼本(約50g)
いんげん…1本
ツナ缶…1缶(70g)
B 酢・しょうゆ…各大さじ1
　砂糖・ごま油…各小さじ1
※または市販のすし酢・しょうゆ
　各大さじ1＋ごま油小さじ1

(作り方)
① キャベツとにんじんは細切りにする。いんげんは斜めに細切り。ツナは水気を切っておく。
② 鍋に湯を沸かし、沸騰したらにんじんといんげんを入れる。10秒経ったらキャベツを入れ、さらに10秒経ったらひじきを入れる。また10秒経ったらザルにあげて水気をよく切る。
③ ボウルに**B**とツナを入れて混ぜたら、②を熱いうちに加えて混ぜる。

POINT

ふわふわ親子丼のコツ

ポイントは、タレに片栗粉でとろみをつけて溶き卵を加えること。汁気が抑えられ、冷めても卵が固まらず、ふんわりした食感になります。

てりやきチキン月見サンド

Ⓐ てりやきチキン月見サンド

（材料）

全粒粉ロールパン…２個

【てりやきチキンと目玉焼き】

鶏もも肉…60〜70g

卵…１個

A | しょうゆ…大さじ½
　| みりん…大さじ１
　| 砂糖…２つまみ

サラダ油…小さじ２

【キャベツ甘酢漬け】

キャベツ…４枚（約200g）

塩…小さじ⅓

酢…大さじ２

砂糖…大さじ１

【オーロラソース】

ケチャップ・マヨネーズ
…各大さじ½

（作り方）

① 肉は半分の厚さにそぎ切りする。フライパンに油をひき、肉を並べる。その横に卵を割り入れて、黄身に箸で穴を開ける。

② フタをして中火で２分加熱し、肉と卵をひっくり返して火を弱め、さらに２分焼く。

③ 卵はフライ返しで押して平らにし、完全に火が通ったら取り出す（黄身は割れてもOK）。冷ましてから半分に切っておく。

④ フライパンに**A**を加えて火を強め、肉にタレをからめながら汁気をとばす。

⑤ キャベツをせん切りにし、塩をまぶして10分置いて水気をしっかりとしぼる。

⑥ 酢と砂糖を合わせ、砂糖の粒が溶けるまで混ざったら、⑤を加えて和え、冷蔵庫に入れて味をなじませる。

⑦ オーロラソースの材料を耐熱皿に入れて混ぜ、ラップをせずに30秒レンジで加熱する。

⑧ ロールパンに切りこみを入れ、⑦を塗り、③と④、水気をしぼった⑥を挟む。

POINT

目玉焼きは完全に火を通す

半熟の黄身はとても魅力的ですが、お弁当にはNG。卵はしっかり加熱しましょう。目玉焼きを焼く際に黄身に穴を開けておくと、火が通りやすくなります。

からくないガパオライス

Ⓐ からくないガパオライス

Ⓐ からくないガパオライス

（材料）

鶏もも肉…60〜70g
卵…１個
玉ねぎ…¼個（約50g）
パプリカ（赤・黄）
…各¼個（約30g）
いんげん…２本
バジルの葉…適量（お好みで）
オリーブ油…大さじ１
ごはん…子ども茶碗１杯分
（約150g）

A
オイスターソース
…小さじ２
しょうゆ・酒
…各小さじ１
にんにく（すりおろし）
…少々（省略可）

（作り方）

① 肉、玉ねぎ、パプリカは２cmの角切りにする。いんげんは３cmの長さに切る。
② フライパンに油をひき、肉を並べる。その横に卵を割り入れて、黄身に箸で穴を開ける。
③ フタをして中火で２分加熱し、肉と卵をひっくり返して火を弱め、さらに２分焼く。
④ 卵をフライ返しで押して平らにして、完全に火が通ったら取り出す。（黄身は割れてもOK）冷めたら半分に切っておく。
⑤ フライパンに①の野菜を加え、肉と混ぜたらフタをして、中火で１分30秒加熱する。
⑥ **A**とバジルを加えて、火を強めて汁気をとばしながら炒める。
⑦ ⑥が冷めたら、ごはんの上にのせて盛りつけ、最後に④をのせる。

POINT

うずらの卵（水煮）も便利

卵１個で目玉焼きをつくるのが多すぎると感じたときは、うずら卵の水煮が便利です。半分に切って盛りつけるだけで、彩りもよくいいアクセントになります。

知ってトクする豆知識

炒めものは、混ぜすぎると食材から水分が出やすくなり、型崩れや食感の悪さも引き起こしがちです。本書のレシピには「ざっと混ぜる」というフレーズが出てきますが、肉や魚は基本的にひっくり返すのは一度だけ、野菜も加熱中にかき混ぜすぎないように注意しましょう。食感も、色味もよく仕上がりますし、炒める時間の短縮にもなりますよ！

ツナとカラフル野菜のパスタ

Ⓐ ツナとカラフル野菜のパスタ

Ⓐ ツナとカラフル野菜のパスタ

（材料）

キャベツ…½枚（約30g）
パプリカ（赤・黄）
…各¼個（約30g）
ツナ缶…１缶（70g）
乾燥パスタ（1.6㎜、
早ゆで３分用）…100g
オリーブ油…大さじ１
しょうゆ・マヨネーズ
…小さじ１
こしょう・乾燥パセリ
…適量（お好みで）

（作り方）

① 野菜は１㎝幅に切る。ツナは水気を切っておく。
② 深めの耐熱容器にパスタと水（400㎖・分量外）を入れる。フタをせず、指定のゆで時間＋３分レンジで加熱する。取り出して湯を切る。
③ フライパンに油と野菜を入れてフタをして火にかける。１分経ったらフタを取り、ツナとしょうゆ、マヨネーズを加えて軽く炒める。
④ ②を加えて、ざっと全体を混ぜ合わせたら火を止めてお好みでこしょうと乾燥パセリをふる。

POINT

ツナの水切りはペーパーで

ツナ缶はしっかりと水気を切ってから使いたい場合、器にキッチンペーパーを折りたたんで敷き、その上にツナを入れてしばらく置けば、手も汚れず、ラクに油を落とせるので、ぜひお試しを！

おわりに

　中学生から始めたお弁当作りも、35年以上が経ちました。

　自分の分だけをつくっていたころは、夕食までお腹が持てばそれでよかったし、作りたくない日はサボれるような気楽さでした。しかし、親として3人の子どもたちのお弁当をつくるようになると、そうもいきません。それぞれ食べる量や好き嫌いも違います。仕事で遅くなって買い物をしそびれたり、寝坊したり、でも、お弁当は持たせなくちゃいけない！　とバタバタ手探りの日々の中、子どもたちが食べきった空っぽのお弁当箱を見たときに、安堵と喜びが自然に湧き上がりました。それは、自分のためだけのお弁当作りでは感じたことのないものでした。

　食卓は、ごはんとおかずの食事だけでなく、おやつやテイクアウト、カップ麺まで、いろいろなものが並びます。決まりごとはなく、話したり、笑ったりしながら、食べる人が食べたいものを食べて過ごす、安らぎの場です。
　そこから一歩、家を出たら、その先は、小さなチャレンジが続く外の世界。お昼にお弁当のフタを開けたとき、食卓で食べ慣れた好きなものを頬張りながら、つかの間でも家に帰ったような安心をそこに見つけられるといいな、と思います。

　飛ばしすぎず、息切れせず、つまずきそうになったりしながらも、時に楽しさや喜びありの親子お弁当マラソン。ささやかながらこの本が、みなさんの完走の伴走者になれますように！

2024年5月吉日

著者紹介

野上優佳子　のがみ・ゆかこ

料理家・お弁当コンサルタント。中学生のころから35年以上お弁当をつくり続け、使ったお弁当箱は400個以上。2女1男の母として、日々仕事をしながらお弁当をつくり続ける目線に基づいた実用的なレシピや、実践しやすいアイデアが好評を博している。『楽しく作って毎日おいしい こどものおべんとう』(成美堂出版)、『スープジャーで楽するおべんとう生活』(笠倉出版社)、『お弁当づくりの地頭がよくなる お弁当のセカイ』(ワニブックス)など著書多数。TVやラジオなどのメディアをはじめ講演やワークショップ、お弁当箱の商品開発アドバイザーなど幅広く活躍。株式会社ホオバル代表。

Staff

デザイン ………… 松本 歩（細山田デザイン事務所）
撮影 ………… 貝塚純一
スタイリング ………… 大谷優依
調理アシスタント …… 中谷美樹、平川佑季子
校閲 ………… 小学館クリエイティブ校閲室
編集 ………… 寺澤 薫

撮影協力 ………… 株式会社三好製作所
secca inc.
石川樹脂工業株式会社（ARAS）

学童弁当

㊊～㊎の5日間×6週間、
30日分のマラソンレシピ

2024年6月5日　初版第1刷発行

著　者　野上優佳子
発行者　尾和みゆき
発行所　株式会社小学館クリエイティブ
〒101-0051　東京都千代田区神田神保町2-14
SP神保町ビル
電話0120-70-3761（マーケティング部）
発売元　株式会社小学館
〒101-8001　東京都千代田区一ツ橋2-3-1
電話03-5281-3555（販売）
印刷・製本　図書印刷株式会社

ISBN 978-4-7780-3632-4